IM SEIFENBLASENLAND

IDEE UND TEXT VON JULIANE EMMERICH
AQUARELLE VON VERENA PAVONI

Atlantis Kinderbücher bei Pro Juventute

Es ist so langweilig – was soll ich nur machen an einem Tag, der grau ist wie dieser? Der Himmel ist grau, die Häuser sind grau, der kahle Baum vor dem Fenster sieht aus, als würde nie wieder Sommer werden.

Seifenblasen! Das ist eine gute Idee.
Aber die Seifenblasen sehen aus wie kleine graue
Wolken. Die ganze Welt ist grau und traurig.

Was ist das? Die dicke Seifenblase
strahlt auf einmal wie eine Sonne. Keine
grauen Wolken mehr, sondern hundert kleine
Regenbogen.

Oh weh! Die Seifenblase hat mich eingehüllt.
Sie fliegt mit mir davon! Von ferne höre ich
jemanden rufen: «Susanne, Susanne!»
– doch ich bin schon weit fort.

Höher und höher hinauf. Dort unten sehe ich die Stadt, da sind Wiesen und Felder. Weiter, weiter geht es. Wohin wird mich die Seifenblase tragen?

Jetzt ist sie zersprungen. Ich werde auf die großen Felsen fallen.

Aber die Felsen sind ja weich!

Ein schönes Plätzchen. Rundherum lauter Springbrunnen. Aus denen sprudelt es in allen Farben. Bin ich jetzt im Seifenblasenland?

Was sind das für eigenartige Wolken? Da ist eine geplatzt. Vögel flattern heraus und fangen lustig an zu zwitschern. «Komm mit, komm mit, Susanne!» rufen sie.

Aus dem Feld dort hinten steigen immer mehr Seifenblasen auf. Was mag da nur los sein?

Ein Harlekin liegt im Gras
und spielt auf einer Flöte.
Eine fröhliche Melodie erklingt,
und jeder Ton wird
zu einer schillernden Kugel,
die hoch in die Luft hinaufsteigt.

«Gibst du mir die Flöte, Harlekin? Ich möchte es auch versuchen. – Hör nur, was für eine schöne Melodie.» Die Töne schillern wie hundert kleine Regenbogen!

Ob man mit diesen bunten Bällen spielen kann?

«Fang auf, Harlekin!»

Spielen macht hungrig.
Überall stehen Bäume,
auf denen wachsen saftige
Äpfel und süße Kirschen.
Davon gibt es soviel, daß
auch die Vögel satt werden.

Die Sonne will schon untergehen. Jetzt möchte ich gern wieder nach Hause. Harlekin formt eine Riesenseifenblase. Sie trägt mich heim.

«Komm bald wieder, Susanne!» ruft er. Ein Stück begleiten mich die Vögel noch.